Ingeborg Vernimb

Ich werde dich rufen

und andere Gedichte

Ingeborg Vernimb 1962

TWENTYSIX – Der Self-Publishing-Verlag
Eine Kooperation zwischen der Verlagsgruppe Random House
und Books on Demand
© 2019 VERNIMB, Ingeborg
Herausgeber: Carlo Vernimb
Alle Rechte vorbehalten, insbesondere das der Übersetzung und
der Reproduktion, auch einzelner Teile
Herstellung und Verlag: BoD – Books on Demand, Norderstedt
ISBN: 9783740763442

Künstlerischer Lebenslauf von Ingeborg Vernimb

Ingeborg Schmidt wurde 1927 in Hamburg geboren. In einer Schüleraufführung von Goethes Faust spielte sie das Gretchen. Neben einer Handelsschulausbildung und später einer Tätigkeit als Sekretärin nahm sie Klavierunterricht, erreichte eine hohe Perfektion, traute sich aber keine Konzertkarriere zu. 1954 heirate sie den ebenfalls in Hamburg gebürtigen Studenten Carlo Vernimb, der damals an der Universität Innsbruck Physik studierte. Sie selbst begann an derselben Universität das Studium der Philosophie. Während dieser Zeit schrieb sie Märchen, die 1954 und 1955 von Radio Tirol und später vom Österreichischen und Norddeutschen Rundfunk ausgestrahlt wurden. Diese Märchen wurden im Juni 2019 unter dem Titel „Die schlaue Eule und andere Märchen" (ISBN: 783740710842) veröffentlicht. Außerdem schrieb sie Geschichten für den Tiroler Frauenfunk. Nach Abschluss des Physikstudiums bekam ihr Mann eine Anstellung bei der ESSO AG in Hamburg. Sie schenkte zwei Töchtern das Leben. 1962 wechselte ihr Mann in eine leitende Stellung bei EURATOM in Brüssel. Frei von finanziellen Sorgen und im Besitz von viel Freizeit, die Töchter gingen in die Europaschule und ihr Mann war oft dienstlich in Europa unterwegs, stellte sich eine wechselnde Stimmung ein: manchmal euphorisch, manchmal fast depressiv. Zum Glück schuf sich Ingeborgs angeborene Kreativität Bahn in Gedichten, die hier veröffentlicht werden.

Ab 1970 widmete Ingeborg sich der Malerei und schuf mehr als 300 Gemälde, die in Deutschland, Belgien, Österreich, Luxemburg und Spanien ausgestellt und von denen viele verkauft wurden. Ingeborg starb im Juni 2013.

Inhalt

Kontraste
Großstadt
Ich komme
Verweht
Impression
Für Immer
Donnerstag
Bunt
Depression
Alltag
Die einfachen Worte
März
Travemünde
Ballnacht
Tau
Fluch
Leben
Nein
Liebesnacht
Unheilbar krank
Allein
Alptraum
Nicht nachahmenswert
Enttäuschung
Tod
Vergebens
Kunstausstellung

Mephistos Rat
Ja
Ein Toter ist tot!
Trost
Liebe
Versuch
Frühling
Einer wie du
Krankenbesuch
Früher Tod
Triangel
Warum
Oktober
Der große Schritt
Abseits
Heinrich
Gelübde
Komm
Ich werde Dich rufen ein Leben lang
Qual
Zeitungsnotiz
Aufschrei
Gebet eines Kindes
Zeitmühle
Versunken
Die Strudel der Welt

Kontraste

Schicksalhaft schwarze Wolke
am lichten Abendhimmel.
Aber im Sonnenabend
aufkommender Wind.

Törichte Unruhe
alter, gereifter Liebe.
Ungewissheit
und Zuversicht.

Duftende Blüte
ohne Wurzel.
Roter Wein,
strömend aus springendem Glas.

Orgelmusik
ohne Trost.
Worte -
- ohne Echo.

3. Januar 1962

Großstadt

Zusammenhocken:
   Aufeinander
   Umeinander
   Nebeneinander
   Ineinander

Beisammensein:
   Eingeklemmt
   Geknechtet
   Geknebelt
   Gekettet.

   Unentrinnbar!

Wo ist der Weg,
der in die Vogelstimmen führt?

18. Januar 1962

Ich komme

Traum, Hoffnung, Wunsch
ohne Gestalt,
nur da
und Unruhe verbreitend.

Und dann,
rausgerissen aus der Summe der Tage,
eine Stimme:
Bist du bereit?

Bereit ich?
Hab' ich nicht stets gewartet?
Ich komme! Sofort!
Nur - wohin?

Die Wellen fallen ineinander,
die Wolken lösen sich in Grau.
Wind wischt den Laut von Lippen,
und Nebel gibt den Blick nicht frei.

Rufe mich!
So viel Gekreisch von Möwen,
und dort nur Wolken.
Regnen wird es bald.

Musik. -
Ich habe taube Ohren.
Bist du bereit?
Ja! ... Ja! ... Ja!

11. Januar 1962

Verweht

Liebe, ich habe dich nicht erkannt.
Meine Sehnsucht verlor sich
vor deiner Spur

Nun werden meine Füße nicht müde
und irren zu weit oder zu nah
an dir vorbei.

Jedem Lächeln gilt meine Frage.
Aber die Antwort treibt der
Wind vor sich her.

1. Februar 1962

Impression

Es war ein Haus mit vielen Türen,
hinter jeder schlief die Einsamkeit.

Ein blühender Berg unter hohem Himmel,
seine Hänge verwehte der Schnee.

Es war ein See voll dunkler Tiefe,
die Ufer versponnen in Schweigen.

Es war eine Blüte - inmitten von Blüten,
sie welkte, eh ihr Duft sie verriet.

14. Februar 1962

Für Immer

Ich liebe Dich!
Das Grün der Gräser
ist viel festlicher geworden.

Ich liebe Dich!
Zwischen Vogeljubellauten
ein wehes Lebewohl.

Für immer?
Ich liebe Dich!
Der Abend dämmert in Schatten.

14. Februar 1962

Donnerstag

Blassgrauer Himmel
verhüllend noch den Tag.

Träufelnd fällt
fade fahl dein Licht
in alle silbernen Sehnsüchte.

Nichts als fliehende Vögel
im Wolkenbrei.

27. Februar 1962

Bunt

Kleine rosa Kinderschreie.

Gelbgrünes Affengekreisch.

Hellblaues Mittagssummen.

Jadegrüne Nachmittagslaune.

Weißer Schwall in Kirchenschiffen.

Violettes Greisentasten.

Braunblaue Todesangst.

Schwarzer Sog über Gräbern.

27. Februar 1962

Depression

Allein.
Ohne Echo.
Nur Frage.

Viel Angst
und Träume.
Unsicherheit.

 1. März 1962

Alltag

Weckergerassel und Gähnen,
Gang zum Fenster
und uahäää.

So viel frische Luft,
die ersten Menschen,
ein neuer Tag.

Musik und eins, zwei, drei
da ging ein Knopf verloren
für Kaffee kaum mehr Zeit.

Eile. Drei Treppen.
Büro an der Ecke.
Es ist 2 Minuten nach 8.

 2. März 1962

Die einfachen Worte

Die einfachen Worte
gingen spazieren,
hinunter zu den Bänken am See.

Wenig Mond war am Himmel.
Es flüsterte scheu.

Und die einfachen Worte
sagten: "Ja" und
"Liebe mich!".

 Da wirbelte ein Wind
sie kopfüber ins Wasser.

Wie konnten sie nur
so einfach sein!

Irgendwo sind sie einfach
an Land gestiegen,
die einfachen Worte.

 3. März 1962

März

Sing, kleiner Vogel,
sing vom Frühling!
      Hab die Melodie vergessen.

Sing: Die Hyazinthen
blühen rot, blau, gelb!
      Hab vergessen, ob sie duften.

Sing: Apfelblüte
flirrt vom Wind getrieben!
      Weiß oder rot? Hab vergessen.

Sing: Röcke wippen,
Lippen kosen!
      Wie die Liebe?

Flieg, kleiner Vogel!
Du wirst singen.

März 1962

Travemünde

Schwankende Brücken über Wassern,
und das Mondlicht dringt auf den Grund.

Die silbernen Sterne liegen wie blanke Taler
neben Muscheln und ander'm Gestein.

Vielleicht ist schon heute,
vielleicht doch noch Gestern.

In das glänzende Dunkel
Deiner Augen sink ich.

Mai 1962

Ballnacht

Mond aus Wolkenfransen
in blauer Nacht mit festlichen Lichtern.

Ich stehe mit leeren, offenen Armen.
A11e Schranken taumeln im Raum.

Törichte Schale Mondlicht,
die ich getrunken,

ehe die sengende Sonne
die Nacht vertrieb.

19. Juni 1962

Tau

Einer ging über taunasse Wiesen
und sammelte aus Blütenkelchen
die perlenden Tropfen der Nacht.

Nimm, sprach er und trinke
alles Gewesene und was die Sonne
zerstiebt
in einem Zug.

Aber der andere sah nur Wasser
und wischte den Becher zu Boden.

Einer ging über Wiesen
und sammelte die taunassen Tropfen
der Nacht.

 20. Juni 1962

Fluch

Lauf durch die Schwüre der Nacht,
auf leisen Sohlen!

Nichts was die Erde nicht schenkt
und der Himmel dir vorenthält.

Lauf durch die Wonnen der Welt!
Welches Leid so weh, dass dein Herz es
berührte?

Lauf immer fort – ohne Ende,
wie die Erde die Sonne umkreist
in unendlichem Anbeginn!

 27. Juli 1962

Leben

Kind sein
    und das Lächeln sehen,
    das in den Augen der Mutter liegt.

Jung sein
    und verachten alles, was anders will
    und nicht den Schwung und die Unreife hat.

Treu sein
    und lieben.
    Einmal für immer.

Behutsam sein
    und mit wissenden Augen schützend die
    Hände auf junge Scheitel legen.

Gediegen sein
    und störrische kleine Eigenbrötlereien
    dem Alltag entgegensetzen.

Weise sein
    und sehr dem Ende zugeneigt.
    Und immer noch spenden aus
    unerschöpflicher Kraft.

Greis sein
    und in den warmen Kreis der Sonne
    tappen, die den starren Gliedern letztes
    Leben schenkt.

26. August 1962

Nein

Nein, um nicht Ja zu sagen.
Nein, weil es nicht anders geht.
Nein wegen des Unterschieds.
Nein des Nichtwissens, Nichtkönnens, Nichtwollens.
Nein, das wehtut und verletzt.
Nein aus Irrtum.
Nein der Nächte und des Dunkels.
Nein aus Erfahrung.
Nein ohne Hoffnung.

November 1962

Liebesnacht

Die Nächte sind zu kurz.
Der Tag stört aus
dämmerndem Halbschatten.

Lass uns den Morgen am Abend
beginnen!
Um länger glücklich zu sein.

Wir leben,
einmal für immer,
maßlos dem Ende entgegen.

Januar 1963

Unheilbar krank

Tier: Unsichtbar, unfassbar.
Mein Leib Angst
Mein Schritt Furcht
Mein Kopf Entsetzen.

Ich trage dich umher
Tag für Tag
und darf dich nicht verraten.

Dunkel jeder Sonnenstrahl
durch deine unentrinnbare Gegenwart.

Ich lebe,
Liebe noch einmal
und du tötest mich
in gnadenloser Zeitbegrenzung.

3. Januar 1963

Allein

Die Zeit vergeht
wie Sand durch Finger rinnt.

Schmerz umschichtet mich
einen Tag und noch einen.

Wo ist die Liebe,
die dazwischen lag?

Januar 1963

Alptraum

Drei Träume lehnten im Morgengrauen am Fenster.
Und der Mensch, der unter ihnen litt,
war in ihrem entsetzlichen Kreis gefangen:
Dem Wahnsinn ausgeliefert,
ohne den Verstand verlieren zu können.

Ich bin Watte, sprach der erste,
und in meiner Nacht sind alle Gespenster
weich, weiß und ohne Widerhall.
Straßen aus Watte, Menschen aus Watte.
Atmen, Leben, Ersticken in Watte.

Ich bin Gestank, sagte der zweite,
jeder Tritt Pestilenz,
jeder Schrei Schwefel,
jedes Wort ein Geschmeiß.
Alle Lungen vergiftet und preisgegeben
stinkender Lebensunfähigkeit.

Lärm bin ich, sagte der dritte,
eine Kaskade von Laut,
donnerndes Himmelsgrollen,
Sehen: ein vernichtendes Gebrüll.
Atmen erstickt im Schrei.
Fühlen im Donnern der Trommeln.

Drei Träume lehnten im Morgengrauen am Fenster,
und der Mensch, der unter ihnen litt,
war in ihrem entsetzlichen Kreis gefangen:
Dem Wahnsinn ausgeliefert,

bis zum Erwachen.

25. Januar 1963

Nicht nachahmenswert

Wir leben aneinander vorbei,
jeder im Banne
seiner eigenen Unzulänglichkeit.
Wollen unseren Starrsinn nicht ändern
und vergällen die wenigen Tage
mit Vorwürfen vielerlei Art
und verschenken die Zeit,
als wäre sie ewig.

 29. Januar 1963

Enttäuschung

Hast mich gefunden da draußen.
Hast mich geküsst über Nacht.
Hast mich geliebt diesen Frühling.
Hast mich dir hörig gemacht.

Hast nicht den Sommer gesehen,
Hast nicht den Herbst gekannt.
Hast dann die Liebe gestohlen.
Hast dich an andre gewandt.

Hast mir das Lachen genommen.
Hast mir das Träumen verwehrt.
Hast mich an Tränen gekettet.
Hast mich dich hassen gelehrt.

27.Januar 1963

Tod

Kleine weiße Schneeflocken decken dich zu
ehe die Nacht dich im Dunkel birgt,
dass Du müde im Sommer ruhen kannst.

4. Februar 1963

Vergebens

Alle haben es gehört,
nur Du,
an den ich die Worte gerichtet,
mit dem allein ich gesprochen,
bist ohne Echo.

Alle haben es gesehen,
nur Du,
für den ich getanzt,
für den allein ich geschmückt war,
warst ohne Augen.

Alle haben es gewusst.
Nur Du,
für den ich gelebt,
für den ein Gott mich erschuf,
suchtest das Glück woanders.

9. Februar 1963

Kunstausstellung

Aus einem Bild
sahen drei Narren:
Rot, Weiß, Grell.
Abend für Abend
stand ich,
um ihre erstarrten Grimassen zu
gründen.
Doch ihr Geheimnis
lag hinter der Farbe.
Und ich zog in eine andere Stadt.
Dort traf ich Menschen,
ihnen so ähnlich,
Neonseelen in Rot, Weiß, Grell.
Ohne Geheimnis?
Spielball jagender Leere
tanzte ihr Leben
zu Mammons Blechmusik.

10. Februar 1963

Mephistos Rat

Rede Unwichtiges, Nichtiges!
Rede Augenblicksbedeutung!

Rede von jetzt bis dann!
Rede Momentwert!

Rede das Blaue vom Himmel!
Rede gedankenlos, belanglos!

Kein Augenblick ist wiederholbar.
Kein Moment kommt zurück.

Rede, dass sich niemand mehr erinnert!
Rede in immer neu verstrickender Lüge!

Kein Augenblick ist wiederholbar.
Kein Moment kommt je zurück.

12. Februar 1963

Ja

Ich mag den kühlen Wein am Morgen,
die frische Luft nach stickiger Nacht,
Vogelzwitschern vor Tag
und den Geruch nach dampfender Erde.

Ich mag die rollenden Räder von Zügen,
die in unbekannte Sehnsüchte fahren,
vorüber an nebelverhangenen Wiesen
und noch schlafenden Häusern.

Ich mag den Laut von erwachenden Kindern,
jenes allen Sprachen gleiche Lallen,
wenn sie suchend sich an Brüste schmiegen,
tappend und hungrig, müde dann.

Ich mag den heißen, hohen Mittag,
gleißende Sonne auf trocken bröselnder Erde,
flirrende Hitze in Köpfen,
verwirrend wie junger Wein.

Ich mag deine Stimme am Abend,
wenn sie mich aus deinen Wünschen erreicht,
und nehme sie in meine Träume,
die dann glücklich sind.

Ich mag dieses besondere Leben,
das wegzuwerfen ich 'so oft bereit war
und an dem ich hänge, je mehr ich lebe,
mit Dir, dem reifen Mittag und der Süße der Nacht.

11. Februar 1963

Ein Toter ist tot!

Kein Baum wächst zusammen,
den der Blitz getroffen.

Brenne mich aus, Einsamkeit!
Diese Leere sinnlos kreisender
Gedanken.
Diese Nächte ohne Schlaf.
Dieses Warten auf ein Wunder.

 7.März 1963

Trost

Schlüpf unter die Decke des Schnees,
dass kein Laut dich erreicht,
und schlafe, bis die Sonne
die ersten Blumen weckt.

Im Frühling wirkt alles heiter.
Jeden Anfang trägt das steigende Jahr,
und die schwarze Zeit wird
in fallender Trauer verblassen.

Hörst du die Stimmen der Vögel?
Ihr Gesang hängt in durchsichtiger Luft,
und die kleinen weißen Blumen
triumphieren über kalter Erde.

Die Liebe auch
sucht auf allen Wegen Bereitsein,
Verschenken ohne Verlangen
und Glück im flüchtigen Erkennen.

12. Februar 1963

Liebe

Ich gebe dir meine eilenden Füße
und meine beiden Hände.

Ich gebe dir meine Augen
und Ohren.

Ich gebe dir das Lächeln
um meinen Mund.

Ich gebe dir meine Stimme,
wenn sie singen möchte.

Ich gebe dir meinen wärmenden Schal.
Ich gebe dir meine Suppe am Mittag

und die Freiheit, -
dieses alles nicht zu wollen.

7. März 1963

Versuch

Du hast mir einen Spiegel geschenkt,
und ich habe hineingesehen.

Die blanke Fläche lag in einem Rahmen
von Blau und Gold.

Blick tiefer, sagtest du,
und tratest näher,
und unsere Augen trafen sich im
Gegenüber.

Nun?
Ich schlug die Hände vor's Gesicht.
Ich will nichts wissen.

Nun? fragtest du ein zweites Mal,
und deine Augen waren dunkle Sonnen.

Ich will's versuchen, sagte ich,
und diesem Spiegel glauben.

Dabei entglitt er meinen Händen.
Ein Scherbenhaufen aus glitzerndem
Glas.

8. März 1963

Frühling

Nimm mir die Sehnsucht
aus dem Herzen
und trage sie
an einen Ort
wärmerer Sonnen,
dass meine Gedanken ruhen können,
wenn der Abend kommt.

8. März 1963

Einer wie du

Einer wie du,
so ähnlich all den anderen,
und doch so einmalig für mich.

Einer, an den ich denke,
immer in Liebe,
manchmal ist Traurigkeit dabei.

Einer wie du,
- wie ich dich liebe!
Wie ich verloren bin!

26. März 1963

Krankenbesuch

Ich bringe dir Blumen,
einen Arm, alle Vasen voll.

Sie sind Sommer.
Tau auf Wiesen,
heißer Mittag
und Abend mit einer Sonne,
die die Nacht verschönt.

Nur den Hauch Lebendigkeit
haben sie eingebüßt.
Ihr verströmender Duft
ist Schwermut.

26. März 1963

Früher Tod

Es war im Juli oder August,
eine Motte,
müde vom Tagestaumel,
sah im Moor den Sonnentau.

Goldgelbe Verführung.
Gierig zog er ihre müden Flügel
auf sich nieder.

Seine Verlockung kostete ihr kleines
Leben.

  4. Mai 1963

Triangel

Zwei Fragen stehen zwischen uns.
Ich kenne die Antwort.
Ich will sie nicht wissen.

Nun suche ich aus Alltäglichkeiten
einen Hinweis.

Vielleicht sollte ich fragen:
Wie ist es jetzt und hier?
Und du würdest in plötzlicher
Bedrängnis
ehrliche Tiefe zeigen.

Aber ich frage nicht.
Ich bin zu feige.
Meine Angst ist zu groß.

Denn wenn ich fragte,
was würde aus uns?

1. Mai 1963

Warum

Ich habe die Sonne vergessen,
die Blumen und den gelben
Schmetterling,
wandernde Wolken,
singende Vögel,
schimmernde Kerzen,
den Schatten des Mondes
und das Lächeln von Dir.

Warum?

   4. Mai 1963

Oktober

Lange hatte ich geschwiegen.
Frag' nichts,
verlangtest du.

So warte ich,
gebannt in lauter Zeit,
verdammt zu schweigen,
in fragenden Gedanken.

 4. Mai 1963

Der große Schritt

Nur Erfolglose
krallen an Vergangenheit.
Jetzt, heute und hier
gehört mir Gegenwart und Zukunft,
ist Anfang und Ende:
Der Morgen dem neuen Tag.

 4. Mai 1963

Abseits

Drei Tulpen trugen leuchtendes Rot
und blühten eine Spur Frühling.

Eine Melodie zog mich aus Tageslast
in weiße, sanfte Gleichmut.

Die Erinnerung auch
zog a1s Schatten vorbei.

Im Zwielicht des Augenblicks
lebte Vergangenes.

Deine hässlichen Worte
trafen mich nicht.

Heinrich

Der Morgen aber verlangt anderes.
Hol mich in der Dämmerung
zurück in die Versuchungen der Nacht,
aus denen ich entrinnen mag,
wenn der Tag mit unbarmherziger Helle
sich unter die geschlossenen Lider
stiehlt.

Gelübde

Geschlagen mit meinem
Versprechen, nicht zu fragen,
quält mich Unsicherheit.

Lass mich doch glauben,
was ich wünsche!
Ich weiß, dass es möglich ist.

Komm

Und du?
Mit müdem Schritt
und einsamen Händen.
Nicht bereit zu lieben
aus Angst.

Es könnte - verloren gehen.
Kannst nicht mehr weinen
und gehst zurück,
einen Schritt und weiter
in die Vergangenheit.

Erinnerung.
Gewesenes.
Heute und morgen brauchen erst
Patina.
Glück? - - - Komm!
Lass uns in den blauen Himmel leben.

Ich werde dich rufen ein Leben lang

Liebe, ich habe dich nicht erkannt,
Meine Sehnsucht verlor sich vor deiner Spur

Nun werden meine Füße nicht müde
und irren zu weit oder zu nah an dir vorbei.

Jedem Lächeln gilt meine Frage;
aber die Antwort treibt der Wind vor sich her.

Komm nicht, wenn ich dich rufe!
Ich werde dich rufen ein Leben lang.

1. Februar 1962

Qual

Ein Tag, der kein Tag war,
weil er farblos
in ödes Vergessen zerrann.

Regen im Kreis
von oben nach unten.
Pfützen, Bäche, Ströme von Flut.

Ein Lied aus zwei Tönen
in unendlicher Variation
von Laut und Leise.

November 1962

Zeitungsnotiz

Züge im Dunkeln,
die aufeinander rasen.
Ohne Morgen.

Aufschrei

Lass mich, Einsamkeit
Gebt Antwort, ihr leeren Räume!
Red' Himmel,
Wolke, du!
Sagt irgendwas!
Ja oder nein.
Lasst mich aus dieser Hölle ohne Echo!
Allein mit meiner Stimme,
die Fragen gewohnt ist
und keine Antwort mehr kennt.

 14, November 1962

Gbrauche so viel Liebe, lieber Gott. led

Gebet eines Kindes

Ich brauche so viel Liebe, lieber Gott.
Ich brauche deine Sonne
und recht viel Wind,
dass meine Drachen steigen.
Ich brauche einen Freund,
mit dem ich raufe und jemanden, der sagt,
wo gelbe Blumen blüh'n.
Ich brauche guten Hunger
und Weihnachten vielleicht die Eisenbahn.
Ich brauche meine Mammi,
und Vati soll mir abends noch ein Küsschen geben.
Ich will dafür die Sterne zählen
und alles tun, was dir gefällt.
Ich wollte, möchte, hätte -
und habe alles so sehr lieb.

 10. Juni 1962

Zeitmühle

Die Vögel singen sich in die Sonne
und der Tag bricht aus dem Dunkel der Nacht.
Die Kinder singen laut und fröhlich,
spielen im Kreis und lachen dabei.
Du aber und ich und auch die andern,
wir singen die Sehnsucht tot
und stampfen unsere Gedanken
in die Mühle der Zeit.

Die Strudel der Welt

Deine Zärtlichkeit schlug kleine Wellen an mein Boot.
Ich spürte Verlangen, die Hand ins Wasser zu tauchen.
Wie weit schrille, törichte Hässlichkeit.
Ich würde gern in Deiner Wärme leben -
aber mein Boot treibt in die Strudel der Welt.

September 1972